MEDITAÇÃO

De Consciência Plena Para Aumentar A Felicidade

(Faça A Paz Em Sua Vida, Reduzindo O Estresse)

Cezar Dudek

Traduzido por Daniel Heath

Cezar Dudek

Meditação: Guia De Consciência Plena Para Aumentar A Felicidade (Faça A Paz Em Sua Vida, Reduzindo O Estresse)

ISBN 978-1-989837-57-3

Termos e Condições

De modo nenhum é permitido reproduzir, duplicar ou até mesmo transmitir qualquer parte deste documento em meios eletrônicos ou impressos. A gravação desta publicação é estritamente proibida e qualquer armazenamento deste documento não é permitido, a menos que haja permissão por escrito do editor. Todos os direitos são reservados.
As informações fornecidas neste documento são declaradas verdadeiras e consistentes, na medida em que qualquer responsabilidade, em termos de desatenção ou de outra forma, por qualquer uso ou abuso de quaisquer políticas, processos ou instruções contidas, é de responsabilidade exclusiva e pessoal do leitor destinatário. Sob nenhuma circunstância qualquer, responsabilidade legal ou culpa será imposta ao editor por qualquer reparação, dano ou perda monetária devida às informações aqui contidas, direta ou indiretamente. Os respectivos autores são proprietários de

todos os direitos autorais não detidos pelo editor.

Aviso Legal:
Este livro é protegido por direitos autorais. Ele é designado exclusivamente para uso pessoal. Você não pode alterar, distribuir, vender, usar, citar ou parafrasear qualquer parte ou o conteúdo deste ebook sem o consentimento do autor ou proprietário dos direitos autorais. Ações legais poderão ser tomadas caso isso seja violado.

Termos de Responsabilidade:
Observe também que as informações contidas neste documento são apenas para fins educacionais e de entretenimento. Todo esforço foi feito para fornecer informações completas precisas, atualizadas e confiáveis. Nenhuma garantia de qualquer tipo é expressa ou mesmo implícita. Os leitores reconhecem que o autor não está envolvido na prestação de aconselhamento jurídico, financeiro, médico ou profissional.
Ao ler este documento, o leitor concorda que sob nenhuma circunstância somos

responsáveis por quaisquer perdas, diretas ou indiretas, que venham a ocorrer como resultado do uso de informações contidas neste documento, incluindo, mas não limitado a, erros, omissões, ou imprecisões.

Índice

Parte 1 1

Introdução 2

Capítulo Um – Compreender A Meditação 5

PORQUE DEVO MEDITAR? 7
COMO ISSO ME VAI AJUDAR? 10
A MEDITAÇÃO DERRUBA A DEPRESSÃO. 12
A MEDITAÇÃO LHE ALIVIA DO STRESS E DA ANSIEDADE. 13
A MEDITAÇÃO AUMENTA A SUA TOLERÂNCIA À DOR. 13
A MEDITAÇÃO REDUZ O RISCO DE DOENÇAS DO CORAÇÃO. ... 14
A MEDITAÇÃO REDUZ PRESSÃO ARTERIAL. 15
A MEDITAÇÃO MELHORA O FOCO. 15
A MEDITAÇÃO REDUZ A ADIÇÃO. 15
A MEDITAÇÃO FAZ VOCÊ FELIZ. 16
A MEDITAÇÃO PODE FORTALECER O SEU RELACIONAMENTO. ... 17
A MEDITAÇÃO MELHORA O SEU SONO. 17

Vem Em Muitas Formas 20

TIPOS DE MEDITAÇÃO. 21
MEDITAÇÃO DE ATENÇÃO E FOCO 23
ALGUMAS FORMAS DE ZAZEN. 23
MEDITAÇÃO DA BONDADE GENTIL. 24
MEDITAÇÃO DE MONITORIZAÇÃO ABERTA 26
PRESENÇA PASSIVA. 29

Aprender A Meditar 31

TIPOS PARA INICIANTES 32
PREPARANDO PARA A MEDITAÇÃO. 35
PRÁTICA PASSO A PASSO 38
MEDITAÇÃO DA RESPIRAÇÃO 41
MEDITAÇÃO DA ATENÇÃO PLENA. 43
MEDITAÇÃO DE EXAME CORPORAL. 45

Lidando Com Os Obstáculos 47
Estou A Fazê-La Bem? 50
Introduzindo A Meditação Na Sua Vida Cotidiana 53
Conclusão 57
Parte 2 58
Introdução 59
Receitas Para O Café Da Manhã 62

GRANOLA 62
AVEIA EM SLOWCOOKER 63
CAÇAROLA DE CAFÉ DA MANHÃ 65
OMELETE OCIDENTAL.. 66
QUICHE DE VEGETAIS SEM CROSTA 68

Pratos Principais 70

Carnes.. 70

ROLOS DE REPOLHO 70
CARNE ASSADA 73
GUISADO DE CARNE 75
CORNEDBEEF E REPOLHO.. 77
ENSOPADO DE CARNE MEDITERRÂNEA....................................... 79

Frango.. 81

FRANGO ADOBO 81
FRANGO CORDONBLEU 82
FRANGO DE CHURRASCO 84
FRANGO CRIOULO 86
FRANGO TIKKAMASALA.. 88

Carne De Porco 90

COSTELETAS DE PORCO CREMOSAS 92
COSTELINHA 94
PRESUNTO CAMPESTRE 95
LOMBO DE PORCO 96

COSTELAS COUNTRY ASIÁTICAS 98

Sopas E Guisados 99

CIOPPINO 99
ÉTOUFFÉE DE CAMARÃO 101
CHILI... 103
SOPA DE CEBOLA FRANCESA 105
CREME DE SOPA DE COGUMELOS 107
ENSOPADO DE LEGUMES 109

Acompanhamentos 111

STUFFING (FAROFA AMERICANA) 111
BATATAS À MILANESA 113
PÃO DE MILHO.. 114
ESPINAFRE CREMOSO... 116

Sobremesas 118

PUDIM DE TAPIOCA.. 118
BOLO DE CHOCOLATE 119
CRÈME CARAMELO 121
BANANAS FOSTER... 123
MOUSSE DE CHOCOLATE 124

Parte 1

Introdução

Alguma vez pensou em limpar a sua mente? Você sabe, tirá-la para fora e enxaguá-la debaixo de água até que se livre da desordem que o/a subcarrega? Alguma vez desejou ter o poder de simplesmente desligar o seu cérebro? Anseia por calma? Não, não podemos dar ao seu cérebro uma lavagem, nem existe nenhum interruptor que o impeça de pensar demais, de modo a que nos possamos concentrar exclusivamente nas coisas que fazemos em determinados momentos. Mas com certeza que podemos treinar a nossa mente para o fazer.

Espere, antes de você colocar os seus joelhos para baixo, este não é um livro que promove o caminho para o iluminação e o/a coloca em contato com o espiritual. Para você incutir a quietude na sua mente para que fique livre de stress e relaxado/a, não importa se é uma pessoa religiosa ou cética. Este não é um livro sobre o Buda. É sobre você ficar consciente e feliz.

A Meditação promova quietude, consciência e felicidade. Eu não lhe vou mentir e dizer que alcançar um tal estado mental é fácil, porque definitivamente não é. Como qualquer grande atleta precisa de um grande treinador, você necessita de alguém que o/a guie e que também lhe mostre como praticar essa técnica. Felizmente veio ao sítio certo. Desde exemplificar exatamente o que é a meditação e o que não é, lhe ensinar como treinar a sua mente e como saber que está no caminho certo para ficar atento, enquanto ultrapassa todos os obstáculos que lhe surgem no caminho, este livro lhe ajudará a colocar o stress, medo e ansiedade para trás. Uma pessoa que medita não pode ficar deprimida ou ter emoções misturadas. Aqueles que meditam vivem no presente– calmos e com os sentidos apurados.

Deixe este livro lhe mostrar como deixar de viver em piloto automático; deixe-o/a ajudar a encontrar a paz dentro de si que lhe pode trazer a felicidade duradoura na sua.

Capítulo Um – Compreender a Meditação

Existe um grande número de ideias erradas que giram em volta da meditação, mas a maior de todas elas é a de que as pessoas geralmente pensam que meditar é fazer a mente ficar em branco. Se é uma dessas pessoas, deixe-me clarificar desde já e lhe dizer que isso não é verdade. Não há absolutamente nenhuma forma de pressionar o interruptor de ligar/desligar e desligar a sua mente.

A Meditação não é sobre não pensar, mas em vez disso treinar a sua atenção por concentrar a sua mente em direção à *presença*. Mas o que é exatamente a meditação? A definição do dicionário da palavra meditação é que significa deliberação, contemplação, pensamento ou algo para refletir sobre. No entanto, meditação não é um pensamento. Para si, a meditação pode ser tudo, ou pode também não ser nada.Não existe uma única definição que possa descrever o significado de meditação, mas irei dar o meu melhor para que possa compreender sobre tudo o que é esta antiga.

A meditação não é um objetivo, nem algo que receba; é um caminho que você escolhe para estar em paz e em serenidade. Um disciplina que pode trazer à sua mente ordem, enquanto se livra de pensamentos espalhados que o/a distraem. É sobre abrir os seus olhos e ver o que não era capaz de ver anteriormente. É sobre aguçar os seus sentidos e inspirar a vida. Sobre estar ciente de onde está e de quem é. Meditação é sobre se tornar feliz. Abreviando, a meditação é uma disciplina que o/a faz ciente, totalmente presente, clarifica a sua mente e o/a relaxa.

Outro mal-entendido é que a meditação significa adoração. Muitos acreditam que enquanto medita, entra em contato com o espiritual. Isso necessariamente não tem de ser verdade. A meditação pode significar muitas coisas, dependendo da razão pela qual se faz. Algumas pessoas meditam para serem capazes de se concentrarem, outros a fazem para encontra a paz e ter uma mente tranquila, enquanto outros talvez o façam para se renderem ao divino. Tudo depende de como você define a meditação. Isto talvez pareça confuso neste momento, mas assim que começar a receber os benefícios que a meditação dá, então será capaz de se aprofundar mais e encontrar o que realmente significa para si a meditação.

Como queira defini-la, a meditação significa uma prática que acalma a mente. Esta disciplina tem sido praticada pro milhares de anos, e embora tenha começado em templos e entre os monges asiáticos (não irei entrar em detalhes sobre o surgimento da meditação; é um tópico diferente para outa altura), as culturas ocidentais têm com sucesso experimentado os benefícios da meditação há já por muitos anos.

Porque devo Meditar?

Seja a sua respiração, o seu corpo, um objeto à sua frente, ou um simples pensamento, a meditação é sobre trazer a mente à sua condição natural. Para explicar isso melhor, pense numa sala desarrumada. O chão está coberto de pilhas de lixo, mas no outro lado do quarto, está um objeto que precisa. Agora, para lá chegar, precisa primeiro de passar pela confusão. Então começa a pegar e atirar coisas para desimpedir o seu caminho. Não seria mais simples se o quarto estivesse limpo? Se ainda não adivinhou, o quarto é uma metáfora da sua mente. Digamos que está a trabalhar num importante projeto de trabalho, mas parece que não se consegue concentrar. Você se lembra no que a/o sua/seu esposa/o lhe disse essa manhã, pensa como vai conseguir chegar a tempo da peça da sua filha, e acima de tudo, o seu intestino começa a roncar pra lhe recordar que ainda não comeu. Agora imagine ser capaz de simplesmente pôr todos os outros pensamentos e sentimentos à parte, e apenas se focar no projeto que está a trabalhar. A meditação lhe pode ajudar a fazer isso. E a não fazer. Para aqueles que estão pensando que estou a falar em trazerem a almofada, cruzarem as pernas e começarem a meditar durante as horas de trabalho para que possam terminar o projeto, Eu não estou a falar sobre isso. Lembram-se como eu disse que a meditação é uma prática que treina a mente? Assim que a treine a alcançar a concentração, ninguém a poderá tirar de si. É como andar de bicicleta. Uma vez que se aprende a andar, você sabe. Não tem de percorrer o processo de aprendizagem cada vez que quer dar uma volta. Quando está treinado para o fazer, o faz sem esforço.

Mas a meditação vai além de simplesmente limpar a sua mente e o/a ajudar a se concentrar. Também o/a auxilia a entrar em contato com o seu eu interior. Alguns de vós devem estar a pensar 'aqui vamos nós', mas espere antes de fazerem suposições; verá que faz perfeito sentido. Responda-me o seguinte, você sente a sua mente não cresceu? Podemos parecer mais velhos que há uns anos atrás, mas se fizer uma pequena auto-pesquisa, verá que o seu eu interior não envelheceu nada. Você sabe como eles dizem 'pareço velho, mas me sinto jovem'? O espírito não cresce nem envelhece. Você aprende coisas novas e talvez se torne mais educado e saber muito mais do que sabia há uns anos atrás, mas se sente na mesma. O seu eu interior está pronto para aventuras, ele quer-se sentir bem, o seu eu interior é quele que sente felicidade. A meditação o/a ajuda a acordar a sua mente para que se possa sentir jovem constantemente. E quem é capaz de dizer não a isso?

Como Isso me Vai Ajudar?

Quantas vezes disse a si mesmo 'termina aquilo e finalmente vou ser capaz de relaxar'? Existe sempre alguma coisa. As nossas vidas e rotinas diárias estão programadas para seguirem padrões restritos, e cada vez que terminamos algo, surge logo outra responsabilidade. Você pensa depois de resolver este acordo no trabalho, então por fim vou poder descansar. Exatamente, como é que você descansa? Tira uma semana e vai numa viagem exótica? Tira dois dias para simplesmente não fazer nada, levantar os pés e assistir à sua série favorita? Claro, isso vai derrubar ou devo dizer suprime a ansiedade por algum tempo, mas o que acontece quando as suas férias estão terminando? O que acontece quando fica inundado com um milhão de coisas para tomar conta? Deixaria entrar de novo a ansiedade?

Para além de ser uma ferramenta de alívio de stress, a meditação também lhe pode ajudar com qualquer aspeto da sua vida, e isso é algo que pode ser provado cientificamente. Ainda um cético? Leia para ver como pode beneficiar da apenas alguns minutos diários de meditação:

A Meditação Derruba a Depressão.
A meditação é o melhor remédio antidepressivo. Existem muitas formas em que esta prática pode diminuir a depressão. A primeira é que aumenta alguns químicos do cérebro como a serotonina e a norepinefrina, que estão ligadas à depressão. Ao tomar um comprimido pode aumentar os níveis desses químicos, o efeito é de pouca duração (não falando dos possíveis efeitos secundários que esses remédios trazem), enquanto que a meditação é duradora. Existe uma parte dos nossos cérebros que se chama de Hipocampo, que é conhecido pela desorientação (que as pessoas deprimidas são conhecidas por terem) e perdas de memória. Estudos mostraram que pessoas que meditam tê um hipocampo subdesenvolvido, que é outra indicação de que a meditação lhe pode salvar desse transtorno vexatório.

A Meditação lhe Alivia do Stress e da Ansiedade.
Ameditação o/a ajuda a se concentrar, e acredito que é a principal razão porque reduz a ansiedade e o stress. Pessoas ansiosas estão por' todo o lado'. Estão constantemente a perseguir o rebuliço de pensamentos girando dentro das suas mentes. Com meditação, a mente está focada. Existem muitos estudos que provam que isto está correto. Por exemplo, um estudo feito pela Universidade de Wisconsin Medison, tem mostrado que a meditação Vipassana reduz a densidade cinzenta nessas áreas do cérebro que estão associadas ao stress e à ansiedade.

A Meditação Aumenta a Sua Tolerância À Dor.
A Universidade de Montreal realizou um estudo com 13 mestres Zen e 13 pessoas que não meditam. Eles expuseram todos os participantes ao mesmo grau de calor doloroso e monitorizaram a atividade cerebral dos seus cérebros num scâner de

Ressonância Magnética Funcional. Os praticantes de Zen mostraram significativamente menos dor dos que não praticam a meditação.

Falando de dor, existem outros estudos que mostraram com a meditação pode funcionar melhor que morfina.

A Meditação Reduz o Risco de Doenças do Coração.
Uma investigação realizada por um grupo de pessoas que tinham um risco elevado de terem um ataque cardíaco chegou a alguns resultados surpreendentes. Os participantes foram convidados a fazerem uma aula de meditação transcendental ou uma aula que promovia uma dieta saudável e exercício. Os investigadores seguiram os seus progressos durante cinco anos. Aquelas pessoas que escolheram ter as aulas de meditação fizeram muito melhor e reduziram o seu risco de ataques cardíacos e derrames por uns incríveis 48%.

A Meditação Reduz Pressão Arterial.
Se é uma daquelas pessoas que estão numa constante guerra com a hipertensão, saiba que escolher meditar é provavelmente a sua melhor arma. Um estudo elaborado em pessoas com pressão arterial mostrou que após três meses de meditação, mais de dois terços dos participantes reduziu a pressão arterial e diminuiu a sua necessidade de medicação.

A Meditação Melhora o Foco.
A Concentração, atenção, e foco são provavelmente os benefícios mais rápidos da meditação. Se você pensa que deverá despender de anos a meditar para ser capaz de aumentar a sua concentração, então estava tão errado. Desde que o foco é praticamente o objetivo principal na meditação, saiba que se a fizer na forma correta, pode alcança-la em apenas alguns dias de meditação.

A Meditação Reduz a Adição.
Já que a meditação tem um efeito significativo sobra a área do autocontrolo

no cérebro, é compreensível como pode reduzir a dependência e aumentar o autocontrolo. Por exemplo, existe um estudo que foi elaborado com fumadores que praticaram meditação da atenção plena e fumadores que seguiram o programa de liberdade de fumar (um programa criado pela Associação Americana do Pulmão), que descobriu que aqueles que meditaram estão muito mais propensos a deixar de fumar do que os outros que seguem outros programas que ajudam a deixar de fumar.

A Meditação Faz Você Feliz.
Investigadores mostram que apenas alguns minutos de meditação cada dia podem o/a fazer mais feliz. De acordo com esses estudos, a meditação aumenta os sinais cerebrais no córtex pré-frontal esquerdo que está responsável pelas emoções positivas, enquanto diminui os do córtex pré-frontal direito, que é responsável pelas emoções negativas.

A Meditação Pode Fortalecer o seu Relacionamento.

A meditação pode não ter o poder de afetar diretamente as relações que tem com as pessoas, mas muitos dos benefícios que irá receber enquanto medita, lhe podem ajudar em relação a isso. Para começar, a meditação aumenta a empatia e compaixão, que podem impulsionar a sua atitude carinhosa pra si mesmo, como também para os outros, que obviamente irá mudar o seu ponto de vista. Por exemplo, se ficava aborrecido sobre coisas insignificantes, a meditação o/a pode ajudar a ver com clareza, e eles nunca mais o irão importunar. A meditação pode também aumentar a aceitação e fazer de si uma pessoa melhor.

A Meditação Melhora o Seu Sono.

Uma das recompensas que a meditação dá aos seus praticantes é uma boa noite de sono. Se você medita, não irá apenas melhorar significativamente o seu humor a longo prazo, mas irá também ser capaz de adiar a ativação das hormonas de stress antes de se deitar, que lhe permitirá dormir como um bebé. Um estudo realizado pela Universidade de Utah mostrou que a meditação da atenção plena estimula um bom sono.

Mas isto não é tudo. A lista de benefícios que pode ter enquanto medita é muito extensa. Os próximos benefícios são todos provados cientificamente:

- A meditaçãofortalece o seu sistema imunitário
- Diminui perturbações inflamatórias
- Previne asma e artrite reumatoide
- A meditação reduz o risco de Alzheimer
- Tem um impacto importante na gestão da frequência respiratória e cardíaca
- Abrando o processo de envelhecimento
- A meditação aumenta a longevidade
- Aumenta a criatividade
- Melhora o processo de tomada de decisão

- Reduz os sintomas de perturbações de pânico
- Pode ajudar os estudantes a melhorarem as suas notas
- A meditação apoia metas de perda de peso
- Aumenta a tolerância
- A meditação melhora as funções sociais
- Aumenta a resistência da pele, e muito mais.

A melhor parte sobre meditar é que pode continuar a aproveitar as suas recompensas mesmo quando não está a meditar. Recorda-se do exemplo anterior sobre o projeto do trabalho? A meditação é duradoura, e pode aproveitar os seus benefícios mesmo quando não está a praticar essa disciplina. A meditação faz alterações na resposta do cérebro a estímulos emocionais, e esse efeito permanece forte, mesmo quando não se está a meditar ativamente.

Vem em Muitas Formas

Muitas pessoas acreditam que só existe uma forma de meditar e que a meditação é única; que acaba de ser alterada para poder satisfazer melhor o gosto de todos. Para que o Ocidente possa encontra beleza e deixar de pensar na meditação como algo exótico. Pernas cruzadas, olhos fechados e mentes 'vazias', é como as pessoas que não meditam imaginam a meditação. Aqueles que não entendem esta técnica, a meditação parece sempre da mesma forma, não importando como a chamem. Os que pensam isso é óbvio que não foram recompensados com o que a meditação oferece.

Dependendo no que pode alcançar, a meditação pode ter vária formas, e podem ser executadas diferentemente. No entanto, todas partilham uma coisa em comum – todas precisam que o praticante mergulhe profundamente no abismo da mente, explorando a consciência e perceção. Esta exploração pode ser feita de diferentes ângulos.

Tipos de Meditação

A meditação pode ser praticada em diferentes formas. Se olhar para um grupo d pessoas questão a meditar, naturalmente que pensaria que eles estão a fazer a mesma coisa, mas isso é muito improvável. Cada tipo de meditação necessita uma abordagem diferente, e embora no exterior possa parecer o mesmo, a verdade, é que cada tipo de meditação é muito impar, tem um procedimento único e oferece resultados diferentes.

Existem também aquelas pessoas que pensam que é a religião o que separa os tipos de meditação uns dos outros. Eles pensam que,se o faz pela iluminação espiritual e para estar mais perto do divino, ou é simplesmente um não crente que escolhe meditar de forma a recuperar a concentração e autocontrolo, é a única coisa que diferencia os indivíduos que meditam. Contudo, não posso excluir isso por completo, é uma forma errada de ver a meditação. Como aborda, onde coloca o seu foco, e o que permite que atravesse a sua mente enquanto medita, é o que distingue uma técnica de meditação de outra, não se acredita ou não. É claro que existem formas religiosas e espirituais de meditar, mas a meditação tem um significado tão amplo, que se fizermos a diferença baseada na religião, perderemos o verdadeiro contexto.

Cada maneira de meditar toma um padrão de onda cerebral diferente que decide no que irá resultar a meditação. É por isso que digo que deve escolher o tipo de meditação baseado/a naquilo que quer alcançar com o meditar.

Agora, para que possa ganhar uma melhor compreensão, dividi os diferentes tipos de meditação em três categorias:

Meditação de Atenção e Foco

Tenho a certeza que já adivinhou que este tipo de meditação é para aqueles que querem trabalhar no seu foco e na capacidade de se concentrarem. A meditação de atenção e foco precisa que se desligue a voz interior e limpar a mente de pensamentos aleatórios, ao alterar o foco para alguma coisa, quer estejamos a falar de um objeto à sua frente, uma parte do corpo, um mantra, visualização ou algo tão simples como a sua respiração. O importante neste tipo de meditação é o de puxar a sua atenção para uma só coisa e livrar dos pensamentos ou sentidos distrativos que possam tentar puxá-lo/a para o momento. Em baixo irá encontrar quais as técnicas de meditação que se enquadram nesta categoria:

Algumas Formas de Zazen.
Zazen ou meditação Zen é uma meditação sentada com raízes no Budismo Zen Chinês. O Zazen pode ser praticado de duas formas, dependendo se quer focar a

sua atenção ou simplesmente 'sentar no presente'. Neste momento, iremos discutir o primeiro. Aqueles que praticam o Zazen, usam a sua respiração como o foco principal na exclusão de tudo o resto que os rodeiam. Os praticantes Zen dizem que Zazen é uma forma muito centrada e acalmante de trazer ordem às nossas mentes atarefadas.

Meditação da Bondade Gentil.
Bondade Gentil ou meditação Metta é uma outra técnica de concentração, apenas que aqui o praticante não coloca o seu foco na respiração mas no seu estado mental de bondade. Isso significa que o foco de atenção da meditação Metta é a sensação de amor, bondade e calor.

A Meditação dos Chakras. A meditação dos Chakras é uma técnica onde a pessoa que medita se foca num dos chakras (centros de energia) do corpo. O praticante se concentra num chakra e tentao 'abrir', ao sentir a energia que flui por aquela área. A maioria dos praticantes se concentram no terceiro olho (que é uma espécie de sexto sentido), que pode providenciar o praticante com uma perceção que está para além do que podemos ver normalmente.

A Meditação do Mantra. Para se concentrar num mantra significa que o praticante deva recitar um mantra repetidamente, silenciosamente na sua mente, através do processo da meditação. Deixando claro, um Mantra não é uma afirmação que você diz a si mesmo quando está triste ou sozinho como muitas pessoas pensam. O mantra é simplesmenteuma palavra que não tem um significado em particular, ou pode mesmo ser apenas uma silaba. Algumas pessoas pensam que a escolha do mantra é importante e que deve ter uma 'vibração' que fique, enquanto outros que, qual seja o mantra não é relevante, como é apenas algo para se concentrar.

A Meditação do Som. Como o nome indica, a meditação do som é uma prática onde a pessoa que medita se concentra no som. O som que escolha é muito irrelevante. Tanto faz se escolher tocar música relaxante não seu smartphone, ouvir o chilrear dos pássaros, ou sentar-se numa praia e se focar no som das ondas a rebentarem, o que é importante é colocar a sua atenção num só som e se desligar dos pensamentos na sua.

Meditação de Monitorização Aberta

Em vez de colocar a sua atenção numa só coisa e excluir tudo o resto, a meditação de monitorização aberta implica a monitorização de cada aspeto do que experimentamos. Monitorar abertamente significa observar tudo o que ocorre em seu redor. Quer dizer, se tornar consciente do presente. A parte complicada sobre esta meditação é o fato do praticante não se apegar aos objetos, sons, sentimentos ou pensamentos. O praticante deve observar e estar atento a tudo o que

acontece, mas não se colocar ele próprio nos detalhes porque isso significa sair da prática da meditação. Quando isso acontece (é normal para os iniciantes necessitem de tempo para se treinarem), o praticante regressa ao ponto de partida. A monitorização aberta não é questionar o porquê ou como algo acontece, mas simplesmente notar que esta ali.
Uma vez que a monitorização permite as pessoas se foquem em coisas diferentes, não é necessário ter uma meditação silenciosa. Não precisa se sentar ou fechar os olhos para estar ciente da presença. Não necessita de parar as suas atividades cotidianas para praticar esta meditação; pode a fazer enquanto está a fazer as suas atividades normais. Por exemplo, pode fazê-la enquanto toca uma guitarra, se foque nisso. Concentre-se como as pontas dos seus dedos tocam nas cordas, no som que a guitarra faz, de como se sente enquanto toca, etc. Aqui estão algumas técnicas de meditação que são de monitorização aberta:

A Meditação da Atenção Plena. Usamos a palavra 'atento/a' quase em todo o lado atualmente. É como se tivesse tornado numa palavra-chave que eles colam como um rótulo em quase tudo. Mas as pessoas sabem realmente o que é estar atento? Para se tornar atento, deve ter a capacidade estar presente, ciente e observar as coisas sem as julgar. Isso pode ser alcançado através da prática da meditação da atenção plena. Essa meditação está apenas preocupada com o presente e do que acontece enquanto medita. Continua a precisar de concentrar a sua atenção, mas ao contrário da meditação de atenção focada, aqui você não se foca em coisas particulares, mas colocá-la no presente e em todas as coisas que acontecem entretanto.

Meditação Vipassana. Vipassana significa ver as coisas como elas são. Esta antiga técnica indiana ajuda a pessoa que medita a se transformar através do processo da auto-observação. A meditação Vipassana ajuda o praticante a ganhar uma clara introspeção da sua mente e corpo, enquanto observa os seus pensamentos e sensações físicas cuidadosamente e lentamente, uma a uma, momento a momento, sem se apegar a nenhum.

Presença Passiva
A presença passiva é o estado em que o praticante não coloca a atenção em lado algum, mas simplesmente se senta firmemente e silenciosamente, em paz. Realmente, isto é mais o resultado desejado da meditação do que um tipo de meditação. Este estágio final é quando o praticante é experiente e não necessita de uma ferramenta onde ele coloque a sua atenção, mas em vez disso, sem esforço, ele consegue simplesmente desfrutar ser. Todas as citações sobre a mediação falam deste estado. A presença passiva ou 'ser puro' é o principal propósito da meditação porque assim que é alcançado, recompensará o praticante com o derradeiro relaxamento, paz e uma felicidade duradoura. Também existem algumas técnicas de

meditação onde a presença passiva se pratica desde o início e é o seu único foco: algumas formas de meditação Taoista, a meditação da Autoinquirirão algumas formas mais avançadas de Raja Yoga. No entanto, não se pode simplesmente começar co a presença passiva, a não ser que tenha alguma experiência anterior em meditação, portanto, não recomendo que inicie esta viagem e comece a praticar um tipo de meditação tão desafiante porque será extremamente difícil e possa acabar desapontado.

'Que tipo de meditação me assentará melhor?' É a questão que muitos iniciantes fazem. No entanto, a pergunta que deveria realmente fazer a si próprio é, 'O que pretendo alcançar com a meditação?'. Talvez uma pessoa que é dura com os outros e quer melhorar os relacionamentos com outras pessoas talvez possa descobrir que a meditação da bondade gentil seja a que melhor se ajusta. Mas saiba que qualquer que seja o tipo de meditação que escolha, espiritual ou secular, uma coisa é certa. Para verdadeiramente beneficiar desta disciplina, necessita começar pequeno e ir subindo. Leia em como aprender a meditar e trabalhar a sua concentração e disciplina como um iniciante.

Aprender a Meditar

Alguma vez olhou para um grupo de crianças a brincarem no jardim e pensou o quão felizes eles estão? Você invejou o seu descuido no momento aposto que desejou puder voltar atrás no tempo onde não haviam contas a pagar, nenhuma preocupação. Até ao tempo em que a única responsabilidade era estar no almoço, comer os vegetais e voltar à brincadeira. O tempo em que o seu cérebro não estava sobcarregado com tanta informação. O tempo em que tudo o que tinha de fazer era sentar e ouvir à tua mãe gritando sobre a confusão que ela encontrou. O tempo em que assim que ela dizia o que tinha a dizer, já começara a maquinar a sua próxima aventura. Nenhuma criança perde tempo a pensar no passado. Agora, quem não deseja viver assim? Mas se eu lhe dissesse que pode, de fato, você pode realmente aprender a se sentir descuidado de novo? E se lhe dissesse que pode verdadeiramente aprender a ficar no presente, não perdendo o seu tempo se preocupando nem sobre o futuro nem das coisas que devia ou não devia ter feito? Aprender estas próximas técnicas de meditação para iniciantes lhe ensinará a não divagar no passado, mas sim viver feliz no presente.

Tipos para Iniciantes

Mesmo como um iniciante com zero de experiência em meditação, você pode começar a praticar todos os tipos de meditação que quiser. Agora, se irá resultar ou não, isso depende somente no quão forte será a sua determinação. É por isso que quem ensina meditação recomenda fortemente que os iniciantes comecem com técnicas simples e aprendam a trabalhar no seu foco e nas suas capacidade de ficarem quietos, pacientes e disciplinados. Porque, como disse, a meditação não é fácil. Não é algo que simplesmentese supere. A meditação não é um desempenho, mas uma prática. E praticar significa despender de tempo treinando.

Escolhi algumas das técnicas de meditação mais fáceis para iniciantes que o ensinarão a deslizar para dentro da fenda entre os seus pensamentos que distraem. Assim que aprender a ficar aí, será capaz de se concentrar sem esforço e tome controlo dos seus pensamentos, mesmo quando não está a praticar ativamente a meditação:

Meditação da Respiração.Algunsdevem estar a pensar o 'quão difícil é respirar'? Bem, claro que respirar por si próprio é fácil, mas pôr a sua atenção na forma como respira pode ser bastante frustrante quando diferentes pensamentos começam a interferir com a meditação. No entanto muitos concordam que esta é a mais simples forma de meditação, por isso é uma boa ideia para que embarque nesta viagem com meditação da respiração. É um tipo de meditação e atenção focada e é recomendada para iniciantes porque o caminho mais fácil para meditar é ter algo para concentrar a ação, e está provado que se focar na forma como uma pessoa inspira e expira é mais eficaz que mudara sua atenção para um som ou um objeto.

Simples Meditação de Atenção Plena. Você sabe este tipo de meditação é o mais popular? Desde que foi introduzida na corrente do mainstream pelo professor Jon Kabat-Zinn em 1979, a meditação da atenção plena cresceu rapidamente em popularidade, simplesmente porque é simples. Para praticar a meditação de atenção plena não tem de fazer nada a não ser experimentar a si mesmo, assim como você é. Você se liberta de tudo o que o sobrecarrega, toda a negatividade na sua vida, do passado, você se liberta de ligações, e o mais importante, você se liberta do julgamento. Não deve haver nenhuma pressão. Apenas aborde a prática com uma mente aberta e uma vontade forte para se tornar verdadeiramente feliz no presente.

Meditação de exame corporal. Apesar de ser uma parte da meditação de atenção plena, decidi dar à meditação de exame corporalum lugar especial na lista, uma vez que muitos iniciantes conseguiram ganhar consciência do presente, exatamente por praticarem esta técnica. Ao mudar a sua atençãopara todas as partes do seu corpo, irá aprender como observar cuidadosamente, ponha a sua atenção onde quer e também se tornará capaz de mudar o seu foco de uma cisa para outra, sem se agarrar ao que estava fazer antes. Essa capacidade se tornará especialmente conveniente no trabalho, certo? Imagine terminar algo e então mudar e se devotar à nova tarefa, sem deixar que a anterior o distraia. Este tipo de meditação pode de fato melhorar a sua produtividade.

Preparando Para a Meditação
Digamos que uma pessoa quer jogar ténis. Para praticar esse desporto, ela tem de

comprar o equipamento necessário. Desde as raquetes e bolas ao calçado e chapéus, essa pessoa tem de se preparar para o treino rela se ela quer aprender a jogar, certo? Então porque tem de ser a meditação diferente? A meditação é também uma prática, e certamente necessita uma certa quantidade de preparação antes que assuma a posição de lótus e feche os seus olhos. Não pode logo mergulhar para as profundezas dos seus pensamentos assim do nada. As pessoas por vezes negligenciam este fato e saltam logo para o comboio 'vamos meditar' muito rapidamente. Para verdadeiramente desfrutar dos benefícios da meditação, e evitar de ser mais um dos que tentam e falham. Aqui vão umas quantas coisas que necessita de ter em conta primeiro:

Exercício. Muitos praticantes de meditação dizem que o que os ajudou no início foi o exercício físico. O seu corpo tem uma influência significante na sua mente, por isso, é compreensível que aliviar o stress pelo exercício físico irá impulsionar a sua meditação e o/a ajudar a mergulhar mais profundamente. Experimente e veja se isso resulta consigo. Claro, deve ter cuidado para não abusar, neste caso, o exercício apenas terá um impacto negativo na sua meditação.

Tome um Banho/Duche. Tomar um banho ou um duche antes da meditação o /a irá deixa na disposição para meditar porque se sentirá fresco e limpo.

Escolha o Seu Sítio. Embora o local onde vai meditar é irrelevante, é importante que o faça sentir bem. Um quarto escuro e desarrumado, certamente não é um bom sítio para a prática. Tente que o seu sítio de meditação seja um lugar bonito, claro e limpo.

Ponha-se Confortável. Uma das partes mais importantes do processo de meditação é que o praticante se sinta confortável. Use sempre roupas largas que não causarão desconforto durante a prática. Também, se tende a sentir frio, tenha uma manta ou um xaile perto.

Proíba as Distrações. Simplesmente a eletrónica e a meditação não trabalham bem juntas. Certifique-se que o seu telefone está no silêncio durante a meditação e evite outros tipos de meditação, provavelmente uma boa ideia é dar a saber o seu horário de meditação para que eles não o/a interrompam.

Visualize. Saber a razão pela qual medita é importante. Antes de cada sessão, se lembre disso. Tente visualizar como se vai sentir assim que começar a sentir os méritos da meditação; uma vez que passa pela vida com uma atitude positiva e sem medo. Visualizar o resultado desejado é um grande motivador.

Prática Passo a Passo
Antes de o/a começar a guiar no caminho da tranquilidade, autoconsciência, felicidade, lhe quero dizer que é normal falhar. De início, você nem seja capaz de

ter uma postura decente, mas não deixe que isso o desencoraje. Lutar para atingir um foco claro é normal quando é um iniciante; o importante é continuar, e assim que conseguir, nunca mais se perderá no labirinto dos seus pensamentos.

Tomar a Correta Postura. A postura é a espinha da meditação. É essencial que se ajuste na forma corretase quer praticar com sucesso. Existe mais do que uma forma de meditar, também pode meditar sentado/a no seu sofá, deitado/a na sua cama ou té mesmo a andar. No entanto, para ser capaz dessa forma, tem de primeiro de dominar *a postura de lótus* (pernas cruzadas),que é altamente recomendada para iniciantes. Aqui está como se faz:

Sente-se no Chão. Se gosta da meditação sentada, o coxim lhe pode oferecer um assento mais confortável, pode-se sentar nele, embora muitos praticantes dizem como o coxim era como uma distração no início, e eles preferiram se sentarem no chão.

Cruze as Suas Pernas. Isto não nenhuma ciência. Apenas cruze as pernas, mas se certifique que está confortável.

Endireitar.Se você se debruça, nunca será capaz de aprender como deve fazer bem. Manter uma coluna direita durante a meditação é a chave para ter resultados acalmantes.

Relaxe os Seus Ombros. O erro mais comum que as pessoas fazem quando endireitam a coluna, eles deixam os seus ombros tensos. Os seus ombros deverão estar relaxados e confortáveis por toda a prática.

Colocar as Mãos. Coloque as suas mãos por cima dos seus joelhos, para evitar estar demasiado rijo, também parater os seus ombros relaxados mas não.

A sua Cabeça Deve Estar Confortável. Se tentar tomar uma perfeita postura de lótus, verá que manter a cabeça confortável não é tão fácil como parece. O truque é descair levemente o queixo.

Os Olhos. O importante é não deixar os olhos bem abertos. Você pode meditar com pálpebras soltas mas preferiaqueas mantivesse fechadas, pelo menos até que alcance o seu foco.

Meditação da Respiração

1. Fique Confortável. Você pode tentar enrolar os ombros e a cabeça, se isso lhe faz jeito, desde que ajuste depois a sua postura corretamente.

2. Respire. Se recomenda que o faça através das narinas e que mantenha a sua boca fechada. Não pense muito nisso; não existe uma forma correta ou errada para o fazer. Apenas observe a sua respiração por 2 minutos. Não tente mudar a forma como respira, faça-o normalmente.

3. Concentre-se na forma como o ar entra e sai pelas suas narinas. O seu foco deve-se manter nessa sensação, mas deve também seguir o caminho que a respiração faz no seu corpo.

4. Imagine a respiração fluindo para dentro e para fora do seu corpo.

Imagine-a entrando pelos seios nasais e pulmões e no sentido contrário. Saiba que pensamentos que distraem irão muito certamente aparecer, é normal. Simplesmente, não perca tempo lidando com eles e deixe-os passarem por si. Regresse à sua respiração.

5. Sinta como o espaço nos seus pulmões se expande cada vez que inspira.
6. Note que encolhe quando expira.
7. Sinta como o seu peito sobe e desce a cada respiração.
8. Se acha que seria mais fácil se respirasse mais profundamente, então o faça. Simplesmente conte até 4 quando inala e até 4 quando exala. Apenas se certifique que a duração da inspiração e da expiração é igual. Se foque nos pulmões e no peito como referido acima.
9. Tenha atenção para não controlar a sua respiração.
10. Se começar a pensar sobre outra coisa qualquer, lentamente regresse o seu

foco à sensação da respiração. Faça isso o tempo que for preciso até que você se estabeleça na sua respiração.

Meditação da Atenção Plena
1. Comece por um par de respirações profundas para relaxar para se pôr no estado de espírito para meditar. Observe a respiração enquanto inspira e expira. Sinta os pulmões a expandir e a encolher.

2. Despenda algum tempo com os seus pensamentos. Estar atento significa estar ciente do presente, então sempre que uma corrente de pensamentos surja, perca algum tempo observando-os de perto. Imagine-se flutuando ou voando sobre eles; então pode ver cada pensamento claramente. A este ponto, não deve ir em detalhes, simplesmente saiba que estão lá.

3. Agora, é altura para se tornar consciente dos pensamentos. Foque-se em cada pensamento separadamente. Porque é que pensa isso? É um

resultado de um acontecimento passado? Pense como o/a faz sentir. Quer-se sentir dessa forma?

4. Desde então, neste ponto você já sabe quais os pensamentos se quer ligar, e quais os que despertam sentimentos tristes, é altura de contestar os pensamentos desagradáveis, então não existe nada além de serenidade dentro de si. Isso é algo desafiante, e talvez necessite de um pouco mais de treino para ser capaz de se libertar dos maus pensamentos, mas saiba que apenas você tem o poder para fazer isso, e se se esforçar o suficiente, conseguirá.

5. Após se ter apercebido quais os pensamentos que intervêm com o objetivo da meditação, é altura de focar os seus sentidos e estar no presente. Por exemplo, se estiver a meditar fora, se foque no que consegue ouvir. Concentre-se no som dos pássaros. Foque-se no odor da erva recentemente cortada, na forma como

o vento toca na sua pele, no sabor na sua mente, etc.

6. Esteja ciente que se irá distrair, quer por um pensamento desagradável ou um ruido vindo da cas do vizinho. Quando tal acontece, simplesmente regresse ao início e comece de novo com as respirações profundas.

7. Não Julgue. Tornando-se consciente significa ganhar a capacidade de olhar para as coisas sem as julgar. Meditar é desafiante; não se julgue quando se perde nos seus pensamentos. Comece e tente de novo.

Meditação de Exame Corporal
1. Como na técnica anterior, comece a meditação de exame corporal com umas respirações profundas.

2. Agora, começando de cima para baixo ou ao contrário, imagine o seu corpo dividido em pequenas partes. Por exemplo, se começar pelos pés, irá trabalhar o seu caminho para cima, e se

começar pela cabeça, vai depois pensar no pescoço, ombros e assim por diante.

3. Concentre-se na sua cabeça. Tente a sentir. O calor, a vibração. Agora, a divida em partes mais pequenas: olhos, nariz, boca, ouvidos. Tente sentir cada parte. Observe a sensação.

4. Passe para o seu pescoço. Deixe que se torne 'suave' e relaxe.

5. Sinta os ombros. Eles estão tensos ou relaxados?

6. Passe para a área do estomago. Respire e dixe que também suavize. Como o sente?

7. Faça isto com cada parte do seu corpo, o desfazendo em pequenas peças enquanto avança. Por exemplo, os braços devem ser divididos em cotovelos, pulsos, mãos. As mãos em dedos, junções, etc. preste atenção na função de cada parte do corpo, bem como as suas relações com as outras partes.

8. Tente sentir a pressão, o peso, o pulsar. Tente relaxar.

9. Quando um pensamento o/a interrompe, volte ao passo número 1.

Terminando a Prática. Não existem quaisquer regras sobre a duração da meditação, mas para os primeiros dias, é melhor começar com 5 minutos. Pode começar a aumentar a duração enquanto vai ganhando mais confiança e se torna mais confortável. Quando tiver terminado, é importante que lentamente regresse ao que o rodeia. Abra os olhos lentamente e tire um minuto para mexer os seus ombros ou os dedos dos pés antes de se levantar.

Lidando Com os Obstáculos

É normal ficar 'preso' enquanto medita. Isso já aconteceu mesmo aos melhores. Existe uma maneira de você ultrapassar todos os obstáculos com que se possa esbarrar no seu caminho para atingir um equilíbrio duradouro, mas apenas se quiser. Antes de avançar mais, é importante para si descobrir se é determinado o suficiente. A determinação é importante. Antes de começar a comprar velas e coxins de meditação, tenha a certeza que realmente tem o que é preciso para aguentar esta desafiante jornada. É realmente forte de espírito para receber os benefícios da meditação? Se o/a é, então não terá problema algum em ultrapassar os seguintes obstáculos mais comuns:

Irritação. Muitos falham por culpa da irritação. Que seja um ruido chato, ou não estão suficientemente confortáveis, isto é, a irritação pode ser um obstáculo. *Como o ultrapassar?* Simplesmente se preparando da forma correta, e se assegurando que está confortável antes de começar a sessão.

Dúvida. Muitas pessoas duvidam da sua capacidade de alcançar o seu derradeiro objetivo através da meditação e que não têm o que é preciso. Pensando que aqueles praticantes bem-sucedidos são melhores que você, apensa pode arrasar as suas intenções ainda antes de começara a meditar. *Como o ultrapassar?* Passe mais tempo a se examinar. Porque é que isso não resultaria? Recorde-se das qualidades que possui e das coisas pelas quais também pode alcançar o que os outros conseguem.

Aborrecimento. Alguns acham que estar sentado numa posição por um certo período de tempo, seja aborrecido. *Como o ultrapassar?* Se se sente entediado, recorde-se da razão pela qual começou a meditar em primeiro lugar. Passe algum tempo se visualizando vivendo relaxado e sem medo. Isso talvez acenda a sua motivação se o aborrecimento lhe fizer uma visita.

Impaciência.Esperando que 'algo' aconteça pode ser bastante destrutivo. Uma das razões porque nem todas as pessoas consigam ser bem-sucedidas na meditação é por causa deste obstáculo. Todos experimentam a meditação diferentemente, e alguns talvez

necessitem de um pouco mais de tempo para alcançar tranquilidade que outros. *Como o ultrapassar?* Apenas se embarcar esta viagempreparado que vai demorar algum tempo para que prove as vantagens da meditação, poderá encontrar a paz interior. Saiba que terá algum sacrifício.
Sentir-se Sonolento. Pode acontecer que as pessoas fiquem sonolentas durante a meditação, especialmente depois de um longo e atarefado dia. Não se preocupe; isso não quer dizer que está fazendo algo de errado, apenas que necessita de uma boa noite de sono. *Como o ultrapassar?*Bom, não ultrapassa, porque não é tanto um obstáculo, como é uma necessidade. No entanto, se isso o/a incomoda, pode tentar meditar logo pela manhã ou depois de uma sesta à tarde.

Estou a Fazê-la Bem?

Os iniciantes facilmente ficam confusos. É normal estar inseguro/a se está progredindo e começou a receber o que a meditação tem para dar, o se ainda está no nível inicial, aprendendo como alcançar uma concentração clara. 'Estou a fazê-la bem?' é o que muitos iniciantes se questionam a eles mesmos. E embora muitos professores lhe digam que a meditação não pode ser planeada nem seguida, como simplesmente precisa de ser e sentir o momento, eu descordo. Pelo contrário, penso que sabendo exatamente como você desenvolve pode ter um impacto significante no objetivo que tenta alcançar. De outra forma, como saberá quando é altura para avançar para uma técnica de meditação mais avançada?

A Meditação é algo que não pode ser facilmente monitorizada, e concordo com os gurus. Mas o fato de que não consegue pôr um dispositivo de medição e seguir o crescimento da meditação diretamente, não quer dizer que não possa dar um passo atrás e observar a forma em que a meditação o/a alterou. É assim que saberá se está ou não a fazê-la bem.

Aqui tem algumas dicas:

- Na verdade é muito fácil. Simplesmente acompanhe como se sente após as sessões. Escreva isso. Pode até criar uma tabela com diferentes sentimentos, onde pode simplesmente anotar umas horas depois da sessão, cada dia por 10 dias. Depois de dez dias, verá se avançou ou não.
- Vá numa viagem por alguns dias e medite intensamente aí. Assim que regressa e retoma as suas atividade diária, poderá ver se o seu estado de espírito se alterou ou não.
- Se isto não o/a ajuda e não consegue acompanhar o seu progresso, então sugiro que pare de meditar por 3-4 dias. Pare de praticar e observe de perto o seu comportamento. Vê alguma coisa diferente? O seu humor mudou? Se sim, isso é uma clara indicação que tem certamente desfrutado dos benefícios da meditação.

Introduzindo a Meditação na Sua Vida Cotidiana

Nós vivemos uma vida muito agitada. Pense nisso. Desde que acorda até que abraça a almofada à noite, o seu dia está cheio com agendas cheias, stress e preocupações. Parece que se está com pressa, sempre a correr para algum lado. Quem tem tempo para meditar, certo?Bem, não tem de ser assim. Talvez os seus dias agitados não o deixam reservar uma hora para ir para o seu sítio preferido no parque e meditar, mas não deve servir como desculpa para parar de praticar.

A melhor parte sobre a meditação é pode ser praticada em qualquer lugar e em qualquer altura. Não é como praticar basquetebol; não precisa duma bola nem de uma tabela. Tudo o que necessita é a sua determinação.
Pode parecer uma coisa impossível descobrir tempo para meditação, mas este capítulo o/a vai convencer e outra forma.

Então, não mais – aqui está como pode introduzir esta disciplina recompensadora no seu cotidiano:

Quando Acorda. O truque é sempre ir para a meditação da manhã. Se pensa que não tem tempo, então ponha o despertador 10-20 minutos antes. Dez minutos menos de sono não afetará a sua beleza, mas irá certamente ter um efeito positivo no seu comportamento e humor.

Quando Tem Tempo Para Matar. Sejamos honestos, estamos todos tão ocupados, mas mesmo assim encontramos tempo para percorrer o Facebook e Instagram. Em vez disso porque não pratica atenção plena? Não tem de ajustar a sua posição e fechar os seus olhos, digamos num restaurante, mas pode de fato se focar nas sensações que sente no momento e recarregue as suas baterias.

Enquanto Caminha. Alguma vez ouviu falar da meditação caminhando? Pode ser mais desafiante que a meditação sentada, mas é um tempo maravilhoso para praticar e aguçar os seus sentidos e concentração. Foque-se nas conversas, no tempo, nas caras das pessoas pelas quais passa. Qualquer coisa em seu redor o pode ajudar a meditar.

Quebre Tudo. Claro, embora seja mais benéfico se se sentar por 20 minutos, feche os seus olhos e medite, a meditação pode também ser praticada durante as horas de trabalho. Como iniciante, deve praticar o máximo que poder, por isso recomenda-se que agarre todas as oportunidades para se concentrar. Tente meditar na sua hora de almoço. Reserve 5 minutos para simplesmente clarificar a sua mente. Pode também fazê-la durante as pausas para a casa de banho, ou quando está sozinho no escritório. 1-2 minutos umas quantas vezes por dia de fato terão um efeito importante no seu progresso.

Ancorar. Tente meditar por alguns momentos após cada tarefa terminada. Por exemplo, quando termina a sua refeição, termina de conduzir, depois de vir da casa de banho, etc. desta forma, cada vez que termina algo, se recordará que é tempo para algum tempo para acalmar a sua mente.Antes que perceba, a sua concentração será afiada como uma faca.

Conclusão

A estrada para desfrutar as regalias da meditação não está salpicada com pétalas. É inegável que isso seja um grande desafio que requer paciência, sacrifício e força de vontade. Pode parecer intimidante, mas não deve ser. Este livro tem o poder de transformar a sua mente por completo e lhe mostrar a beleza da serenidade se deixar.

Apenas com a prática você poderá acalmar a sua mente tagarela. Agora, vá, embarque nesta maravilhosa jornada para ver como a prática faz a perfeição!

Parte 2

Introdução

Se você estiver usando uma slowcooker, você vai saber como é fácil preparar deliciosas refeições de maneira devagar. Se você é um novo usuário, este livro de receitas com SlowCooker vai lhe fornecer deliciosas receitas para encantar seus convidados e sua família.

Panelas slowcooker são muito fáceis de usar. Normalmente, você apenas empilha os ingredientes e deixa tudo ferver por horas. É aquela sopa lenta que permite que todos os sabores se misturem à perfeição. E o longo tempo de cozimento realmente amacia a carne, para que você possa economizar dinheiro usando cortes mais baratos.

Panelas slowcooker exigem pouca atenção. Você pode ligar tudo pela manhã, sair para o escritório e chegar em casa ao aroma de uma refeição fantástica e totalmente cozida. Simplesmente fica mais fácil. Desde que tudo vai para a slowcooker, preparar refeições deliciosas requer muito poucas habilidades culinárias. Qualquer um pode ser um grande chef com uma slowcooker. Durante as férias, quando o forno e o tampo estão em pleno uso, a slowcooker fornece os meios para preparar um prato extra.

As receitas deste Livro de Receitas com SlowCooker são extremamente saudáveis. Muito pouco, se algum, óleo é usado. As refeições são preparadas fervendo em um líquido. E os ingredientes são frescos e saudáveis. Não é assim que você quer que sua família se alimente?

Como você está usando apenas um aparelho, não há muitos potes e panelas para limpar, embora, ocasionalmente, recomendamos o escurecimento da carne em uma frigideira primeiro para selar os sabores.

Use as receitas neste livro de receitas com slowcookere passe mais o tempo com amigos e familiares em vez de ficar de frente a um fogão quente. Você vai adorar o café da manhã, entradas, acompanhamentos e sobremesas deliciosas. E você não acredita como elas são fáceis de preparar.

Receitas para o café da manhã

Granola

Ótimo com leite ou com iogurte.
Tempo de cozimento: 2 horas e meia
Serve: 6pessoas
Ingredientes:
- 4 xícaras de aveia
- ¼ de xícara de nozes picadas
- ¼ de xícara de amêndoas
- ¼ de xícara de sementes de girassol
- ¼ de xícara de açúcar mascavo

- ½ xícara de óleo de coco
- ½ xícara de mel
- 1 colher de sopa de extrato de amêndoa
- ¼ de xícara de uvas passas
- ¼ de xícara de cranberries

Como fazer:
1. Cubra a slowcooker com um spray antiaderente.
2. Combine a aveia, nozes, amêndoas, sementes de girassol e açúcar na slowcooker.
3. Adicione o óleo de coco, mel e extrato de amêndoa.
4. Certifique-se de manter a tampa da slowcooker aberta apenas um pouco para um sabor mais crocante.
5. Cozinhe por 2 horas e meia em fogo baixo, mexendo algumas vezes.
6. Adicione as passas e cranberries e mexa.
7. Guarde a granola em um local frio.

Aveia em SlowCooker

Acorde com uma deliciosa aveia. Para evitar que amoleça, use apenas aveia grossa.

Tempo de cozimento:6 horas
Serve: 4 pessoas
Ingredientes:
- 1 xícara de aveia grossa
- 3 1/3 de copos de leite
- ¼ de xícara de nozes picadas
- ¼ de xícara de uvas passas
- 3 colheres de sopa de manteiga
- 1 colher de sopa de canela
- 2 colheres de sopa de xarope de bordo
- 1 colher de sopa de extrato de baunilha

Como fazer:
1. Coloque todos os ingredientes na slowcooker e misture bem.
2. Cook on low for 6 hours.

Caçarola de Café da Manhã

Tudo o que você quer de café da manhã em uma caçarola. Comece esta refeição antes de ir para a cama e acorde para um café da manhã saudável.
Tempo de cozimento: 8 horas
Serve: 6 pessoas
Ingredientes:
- 12 ovos grandes
- 1 xícara de half and half
- Sal e pimenta a gosto

- 3 xícaras de batatas marrons congeladas (descongeladas)
- 1 cebola pequena picada
- 2 xícaras de queijo cheddar ralado
- 2 xícaras de salsichas de café da manhã fatiadas
- Toque de molho picante – opcional

Como fazer:
1. Bata juntos o ovo e o halfandhalf.
2. Tempere a mistura com sal epimenta.
3. Coloque as batatas no fundo da panela slowcooker.
4. Misture a cebola, 1 xícara de queijo e 1 xícara de salsichas fatiadas
5. Despeje a mistura de ovos sobre as batatas e mexa delicadamente.
6. Cubra com o queijo e as salsichas restantes.
7. Adicione o molho picante – se usar.
8. Cozinhe em fogo baixo por 8 horas.

Omelete Ocidental

Curta um grande omelete assim que você se levantar.
Tempo de Cozimento: 10 horas
Serve: 6 pessoas
Ingredientes:
- 900g de batatas marrons congeladas
- 450g delinguiçaitaliana
- 1 cebola picada
- 1 pimentão verde picado
- 1 ¾ xícaras de queijo ralado
- 12 ovos
- 1 xícara de leite
- 1 colher de sopa de tempero picado
- 2 dentes de alho picados

- Sal e pimenta a gosto

Como fazer:
1. Cubra a slowcooker com um spray antiaderente.
2. Crie 3 camadas de batata, salsicha, cebola, pimentão e queijo ralado.
3. Bata o ovo, o leite, o tempero italiano, o alho, o sal e a pimenta.
4. Ponha os ovos sobre os outros ingredientes.
5. Cozinhe no fogo baixo por 10 horas.

Quiche de vegetais sem crosta

Este quiche pode ser apreciado no café da manhã, no brunch ou no almoço.

Tempo de cozimento: 2 horas e 30 minutos

Serve: 6 pessoas

Ingredientes:

- 7 ovos grandes
- 1 1/4 xícaras de creme de leite
- ¾ xícaras de leite
- 225g de queijo Gruyere ralado
- 4 talos de aspargos
- ½ xícara de floretes de brócolis
- 1 pimentão picado
- 1 cebola picada
- 1 dente de alho picado
- Pitada de noz moscada
- Sal e pimenta a gosto

Como fazer:

1. Bata o ovo, a noz moscada, sal e pimenta em uma tigela.
2. Adicione o creme de leite e o leite.
3. Junte o queijo, os legumes e o alho.
4. Transfira a mistura para a SlowCooker.
5. Cozinhe em fogo baixo por 4 horas.

Pratos Principais

Carnes

Rolos de repolho

Rolinhos de repolho deliciosamente tenros. Nós cozinhamos em arroz com caldo de carne para um sabor extra. Estes são verdadeiramente maravilhosos, e o molho é divino.

Tempo de cozimento: 8 horas
Serve: 6 pessoas
Ingredientes:

- 1 xícara de arroz branco
- 2 xícaras de caldo de carne
- 12 folhas de repolho
- 1 ovo batido
- 2 colheres de sopa de leite
- ¼ xícara de cebolinha picada
- 225g de carne moída
- 225g de carne de porco moída
- Sal e pimenta à gosto
- 2 xícaras de molho de tomate, de preferência caseiro
- 1 colher de sopa de açúcar
- ½ xícara de caldo de carne
- 1 colher de chá de molho Worcestershire

Como fazer:

1. Prepare o arroz de acordo com as instruções usando caldo de carne em vez de água. Deixe-o de lado.
2. Coloque o repolho em uma panela grande com água fervente e cozinhe por 2 minutos. Escorra e reserve.
3. Combine o arroz, ovo, leite, cebolas, carnes e sal e pimenta em uma tigela.
4. Espalhe as folhas de repolho e encha cada um com ¼ de xícara de recheio.
5. Enrole a folha de repolho para cima e coloque suas extremidades para dentro. Você também pode prendê-las com um pedaço de barbante.
6. Transfira os rolos de repolho para o fogão lento.
7. Misture o molho de tomate, o açúcar, a ½ xícara de caldo de carne e o molho Worcestershire.
8. Cozinhe em fogo baixo por 8 horas.

Carne Assada

Este é o jantar de domingo favorito de todos - com sobras para sanduíches. O molho fantástico usa alguns ingredientes comprados em lojas, o que torna muito fácil de montar.

Tempo de cozimento: 8 horas e 8 minutos
Serve: 8 pessoas
Ingredientes:
- 1,8kg de carne assada
- ½ cupflour
- 2 colheres de sopa de azeite
- 2 latas de creme condensado de sopa de cogumelos
- 2 xícaras de caldo de carne
- 1 xícara de vinho tinto
- Sal e pimenta a gosto
- ½ colher de chá de alecrim

- ½ colher de chá de sal temperadoLawry
- 1 colher de sopa de molho inglês
- 4 cenouras cortadas
- 1 cebola picata
- 225g de pequenas batatas descascadas

Como fazer:

1. Aqueça o azeite em uma frigideira.
2. Revista totalmente a carne assada com farinha (isso vai engrossar o molho)
3. Doure o assado de todos os lados por 8 minutos em uma frigideira e coloque na slowcooker.
4. Adicione os ingredientes restantes na slowcooker e misture-os bem.
5. Cozinhe em fogo baixo por 8 horas.

Guisado de carne

Este guisado é embalado com sabor. A longa fervura torna a carne muito macia e realça todos os sabores. Se você gosta do ensopado para provar um pouco de tomate, adicione 1 ½ xícaras de molho de tomate e diminua o caldo de carne em 1 xícara.

Tempo de cozimento: 10 horas e 10 minutos
Serve: 6pessoas
Ingredientes:

- 2 colheres de sopa de azeite

- 900g de carne ensopada em cubos
- ½ xícara de farinha branca
- Sal e pimenta a gosto
- 1 cebola picada
- 3 dentes de alho picados
- ½ colher de chá de tomilho
- ½ colher de chá de alecrim
- 1 folha de louro
- ½ colher de chá de orégano
- ½ colher de chá de páprica
- 1 colher de sopa de tempero Maggi
- 1 cebola picada
- 3 xícaras de caldo de carne
- ½ xícara de vinho tinto
- 4 batatas descascadas e em cubos
- 4 cenouras cortadas
- 3 talos de aipo picados

Como fazer:
1. Aqueça o azeite em uma frigideira.
2. Cubra a carne ensopada com farinha.
3. Doure a carne por 10 minutos em uma frigideira.
4. Coloque a carne na slowcooker.
5. Adicione todos os ingredientes restantes e misture bem.

6. Cozinhe em fogo baixo por 10 horas.

CornedBeef e Repolho

Para o Dia de São Patrício ou qualquer outro dia, isso é um prazer. Imagine começar a cozinhar o cornedbeef(carne em conserva) e repolho pela manhã e voltar para casa para esta refeição divina. O truque para não ficar legumes moles é adicioná-los em momentos diferentes:
Tempo de cozimento: 8 horas
Serve: 8 pessoas
Ingredientes:

- 1,8 kg de peito de carne enlatada com pacote de tempero
- 1 garrafa de cerveja Guinness
- 6 cenouras cortadas
- 10 batatas bolinha pequenas
- 2 pedaços de quarto de cebola
- 1 repolho pequeno picado
- ¼ de xícara de mostarda

Como fazer:
1. Coloque o peito no fogão lento e adicione um copo de água e cerveja.
2. Misture o pacote de especiarias.
3. Cozinhe em fogo baixo por 4 horas.
4. Abra a tampa e adicione as batatas, as cebolas e as cenouras.
5. Cozinhe em fogo baixo por 3 horas.
6. Abra a tampa e adicione o repolho picado.
7. Cozinhe em fogo baixo por mais uma hora.
8. Sirva com mostarda.

Ensopado de carne mediterrânea

Um ensopado de carne com um sabor mediterrânico definitivo. Experimente com arroz.

Tempo de cozimento: 7 horas e 5 minutos
Serve: 6 pessoas
Ingredientes:
- 1 colher de sopa de azeite de oliva
- 900g de carne guisada
- ¼ colher de chá de flocos de pimenta vermelha esmagados
- ½ colher de chá de canela
- ½ colher de chá de coentro
- ½ colher de chá de cominho

- ½ colher de chá de manjericão esmagado
- Sal e pimenta a gosto
- 1 cebola picada
- 3 dentes de alho picados
- 1 ½ xícara de caldo de carne
- ½ xícara de molho de tomate
- ½ xícara de pasta de tomate
- 400g de tomates em cubos
- 1 xícara de azeitonas pretas picadas
- 1 lata de corações de alcachofra cortados ao meio e drenados

Como fazer:

Aqueça o azeite em uma frigideira.

Tempere a carne com as especiarias, sal e pimenta. Certifique-se de cobrir toda a carne.

Adicione a carne temperada, cebola e alho à frigideira e doure por 5 minutos.

Transfira a mistura para a slowcooker.

Despeje o caldo de carne e molho de tomate, tomate picado e mexa.

Cozinhe em fogo baixo por 6 horas.

Levante cuidadosamente a tampa e adicione as alcachofras, azeitonas e tomate.

Feche a tampa e cozinhe por mais 1 hora.

Frango

Frango Adobo

Um frango picante que irá surpreender e encantar a família e os convidados. Sirva com arroz.

Tempo de cozimento: 8 horas
Serve: 6 pessoas
Ingredientes:
- 1,3 kg de pedaços de frango
- 2 colheres de sopa de pimenta em grão
- 2 folhas de louro
- 8 dentes de alho fatiados
- 1 colher de sopa de gengibre ralado
- 1 xícara de molho de soja

- ¼ xícara de vinagre branco
- 1 xícara de vinagre

Como fazer:
1. Transfira os pedaços de frango para a slowcooker.
2. Combine os ingredientes restantes em uma tigela e adicione ao frango.
3. Cozinhe em fogo baixo por 8 horas.

Frango CordonBleu

Está é uma maneira muito fácil de preparer esse clássico prato francês.E isso é gostoso.

Tempo de cozimento: 4 horas
Serve: 6 pessoas
Ingredientes:
- 1 creme condensado de canja de galinha
- 1 xícara de leite
- ½ vinho branco
- 6 peitos de frango sem pele e osso
- ½ colher de chá de tomilho
- ½ colher de chá de sal de alho
- 6 fatias de presunto
- 6 fatias de queijo suíço
- 1 xícara de mistura para pães
- 3 colheres de sopa de manteiga

Como fazer:
1. Combine a sopa, o leite e o vinho.
2. Despeje ¼ do líquido no fogão lento.
3. Tempere os peitos de frango com tomilho e sal de alho.
4. Coloque o frango em cima do molho.
5. Cubra os peitos de frango com presunto e queijo.
6. Adicione o molho restante.

7. Misture a manteiga em uma frigideira e misture-a na mistura de recheio.
8. Agite por 5 minutos.
9. Adicione o recheio a slowcooker.
10. Cozinhe em fogo baixo por 4 horas.

Frango de churrasco

Este frango de churrasco puxado pode ser usado como um recheio de taco ou um sanduíche. Gostoso. Traga muitos guardanapos.
Tempo de cozimento: 6 horas e 45 minutos
Serve: 4 pessoas

Ingredientes:
- 4 metades de peito de frango sem pele e sem osso
- 1 cebola picada
- 2 dentes de alho picados
- ¼ xícara de ketchup
- 1 colher de sopa de mostarda
- 1 colher de sopa de suco de limão
- ¼ xícara de açúcar mascavo
- ½ xícara de molho barbecue
- 2 colheres de sopa de molho inglês
- 1 colher de chá de fumaça líquida
- ½ colher de chá de cominho

Como fazer:
1. Coloque os peitos de frango no fundo da slowcooker.
2. Combine os ingredientes restantes em uma tigela.
3. Despeje o molho sobre o frango.
4. Cozinhe em fogo baixo por 6 horas.
5. Retire o frango e desfie a carne com um garfo.
6. Retorne a carne desfiada a slowcooker por 45 minutos.

Frango crioulo

Eles adoram um pouco de calor na Louisiana. Sirva este belo prato picante com arroz. E lembre-se, você sempre pode controlar o calor.

Tempo de cozimento: 10 horas
Serve: 6 pessoas
Ingredientes:
- 6 peitos de frango
- Sal e pimenta a gosto
- 1 colher de chá de tempero crioulo
- 400g de tomates cozidos em conserva
- 1 lata de tomates picados
- 1 caldo de galinha

- 4 colheres de sopa de pasta de tomate
- 1 pimentão picado
- 4 dentes de alho picados
- 1 cebola picada
- 1 xícara de cogumelos fatiados
- ½ colher de chá de pimenta cayenne
- Pitada de molho de pimenta Tabasco

Como fazer:

1. Tempere o frango com sal, pimenta e tempero crioulo.

2. Coloque o frango na slowcooker.

3. Adicione os ingredientes restantes e mexa bem.

4. Cozinhe em fogo baixo por 10 horas.

Frango TikkaMasala

Um alimento imprescindível na Inglaterra, do jeito tailandês. Ótimo prato com curry.
Tempo de cozimento: 8 horas e 30 minutos
Serve: 4 pessoas
Ingredientes:
- 900g de frango em cubos
- 2 xícaras de molho de tomate
- 1 xícara de leite de coco
- 1 colher de sopa de gengibre ralado
- 2 colheres de sopa de cominho
- 1 colher de sopa de garammasala

- Sal e pimenta a gosto
- 2 colheres de chá de páprica
- 2 dentes de alho picados
- ½ colher de sopa de açafrão
- ¼ colher de chá de flocos de pimenta vermelha
- 1 colher de chá de coentro
- 1 xícara de creme pesado
- 1/3 xícara de coentro picado

Como fazer:

1. Coloque todos os ingredientes, exceto o creme de leite, coentro e limão no fogão lento e mexa bem.
2. Cozinhe em fogo baixo por 8 horas.
3. Adicione o creme e o suco de limão e cozinhe por mais 30 minutos.
4. Sirva sobre o arroz.

Carne de porco

Tente isso como um recheio de taco ou um sanduíche. Também é ótimo sobre o arroz.

Tempo de cozimento: 8 horas e 10 minutos

Serve: 12 pessoas

Ingredientes:

- 2,2 kg de ombro de porco com osso
- 1 ½ xícara de molho barbecue
- ¾ de xícara de vinagre de maçã
- 1 xícara de caldo de galinha
- 1/3 xícara de açúcar mascavo
- 1 colher de sopa de mostarda
- 1 colher de sopa de molho de soja

- 2 colher de sopa de pimenta em pó
- 2 cebolas picadas
- 5 dentes de alho picados
- 1 colher de sopa de canela
- 4 colheres de chá de fumaça líquida

Como fazer:

1. Coloque o ombro de porco na slowcooker.
2. Combine os ingredientes restantes em uma tigela e despeje sobre a carne de porco.
3. Cozinhe em fogo baixo por 10 horas.
4. Uma hora antes de terminar a carne de porco, retire da panela e retire a carne usando 2 garfos.
5. Devolva a carne ao slowcooker por 10 minutos.

Costeletas de Porco Cremosas

Costeletas muito suaves de porco em uma grande sopa de creme.
Tempo de cozimento: 8 horas e 20 minutos
Serve: 6 pessoas

- 6 costeletas de porco
- Sal e pimenta a gosto
- ½ xícara de farinha branca
- ½ colher de chá de molho páprica
- ½ colher de chá de pimenta caiena
- ½ colher de chá de pó de alho
- 1 cebola grande fatiada
- 1 xícara de cogumelos fatiados
- 1 pimentão fatiado
- 1 ½ xícaras de caldo de galinha
- 1 xícara de creme de leite
- ½ xícara de creamcheese

- 2 colher de sopa de farinha branca

Como fazer:

1. Costeletas de porco de temporada com sal, pimenta
2. Combine a farinha com a páprica, pimenta caiena e alho em pó
3. Drague as costeletas de porco com a farinha temperada.
4. Transfira a bisteca de porco para a slowcooker e adicione as fatias de cebola, cogumelos e pimentão.
5. Deite o caldo de galinha sobre as costeletas.
6. Cozinhe em fogo baixo por 8 horas.
7. Retire as costeletas de porco para um prato e mantenha quente.
8. Adicione o creme azedo, creamcheese e 2 colheres de sopa. farinha aos sucos para a slowcooker.
9. Cozinhe em fogo alto por 20 minutos.
10. Cubra as costeletas de porco com o molho.

Costelinha

Costelas entrecortadas que te farão lamber os dedos.

Tempo de cozimento: 8 horas
Serve: 4 pessoas
Ingredientes:

- 900g de costeletas de porco cortadas em pedaços
- 1 ½ xícara de molho barbecue
- ½ cebola picada
- 2 dentes de alho picados
- 1 colher de sopa de açúcar mascavo
- 1 colher de sopa de molho inglês
- 1 colher de sopa de mel
- 1 colher de sopa de mostarda

Como fazer:

1. Corte as costelas sobressalentes e coloque-as na slowcooker.

2. Combine os ingredientes restantes e despeje sobre as costelinhas.
3. Cozinhe em fogo baixo por 8 horas.

Presunto campestre

Perfeito para o jantar de Natal e sanduíches. Certifique-se de que o presunto inteiro esteja coberto com líquido para evitar que seque.
Tempo de cozimento: 8 horas
Serve: 12 pessoas
Ingredientes:
- 2,7kg de presunto campestre pré-cozido com osso
- 1 xícara de xarope de bordo
- 4 copos de refrigerante ginger ale

- ½ xícara de açúcar mascavo
- 1 colher de sopa de canela
- 1 colher de chá de noz moscada

Como fazer:
1. Coloque o presunto no fogão lento e despeje o xarope de bordo entre as fatias.
2. Combine o refrigerante ginger ale, o açúcar mascavo, canela e noz-moscada em uma tigela e despeje sobre o presunto.
3. Cozinhe em fogo baixo por 8 horas.

Lombo de porco

O caldo tem um ótimo sabor, e o alho realmente o tempera muito bem. Sirva com purê de batatas.
Tempo de cozimento: 4 horas

Serve: 4 pessoas
Ingredientes:
- 900g de lombo de porco
- 2 dentes de alho fatiados
- 1 cebola fatiada
- 1 xícara de água
- ¼ de xícara de caldo de carne
- 1 taça de vinho tinto
- 2 colheres de sopa de molho inglês
- Sal e pimenta a gosto

Como fazer:
1. Use uma faca afiada para cortar fendas no lombo de porco.
2. Fatie os dentes de alho e pressione uma fatia em cada fenda.
3. Coloque a carne de porco na slowcooker.
4. Mexa nos ingredientes restantes.
5. Cozinhe em fogo baixo por 4 horas.

Costelas Country Asiáticas

Ótimo sabor asiático. Sirva com arroz como em seu restaurante chinês favorito.
Tempo de cozimento: 8 horas
Serve: 4 pessoas
Ingredientes:

- ¼ de xícara de açúcar mascavo
- ¼ de xícara de mel
- ½ xícara de molho de soja
- 1/3 xícara de azeite de oliva
- 2 colheres de sopa de vinagre branco
- 2 colheres de sopa de suco de limão
- 4 dentes de alho picados
- 1-inchnobgratedginger
- ½ colher de chá de pó chinês de cinco especiarias
- 1/8 de colher de chá de flocos de pimenta vermelha

- 14 costelas de porco country com ossos.

Como fazer:

1. Combine o açúcar mascavo, o molho de soja, o azeite, o vinagre, o suco de limão, o alho, o gengibre, o pó de cinco especiarias e os flocos de pimenta vermelha.
2. Adicione as costelas e leve à geladeira durante a noite.
3. Coloque as costelas no fogão lento e acrescente metade da marinada.
4. Cozinhe em fogo baixo por 8 horas.
5. Destrua a carne com 2 garfos.

Sopas e Guisados

Cioppino

Esta sopa de frutos do mar à base de tomate foi criada por pescadores do Pacífico, que usaram a captura que sobraram para criar sua comida para o jantar. O caldo é incrível, então leve um grande pedaço de pão à mesa.

Tempo de cozimento: 8 horas e 25 minutos
Serve: 6 pessoas
Ingredientes:

- 790g de purê de tomate em conserva
- 2 xícaras de caldo de galinha ou peixe
- 1 colher de chá (ou mais) de OldBaySeasoning
- 1 folha de louro
- ¾ de colher de chá de flocos de pimenta vermelha
- Pitada de molho inglês
- 340g de garoupa, tilápia ou outro peixe branco.
- 225g de vieiras
- 450g de carne de carangueijo
- 450g de camarão descascado e preparado
- 450g de amêijoas de pescoço pequeno.

Como fazer:
1. Adicione todos os ingredientes, exceto os frutos do mar a slowcooker.
2. Cozinhe em fogo baixo por 8 horas.
3. Adicione os frutos do mar e cozinhe por 25 minutos.
4. Descarte a folha de louro e qualquer amêijoa não aberta.

Étouffée de camarão

Não deixe o nome te assustar. É apenas um saboroso jambalayatípico da Louisiana com um caldo incrível. Você pode torná-lo quente ou mais suave, de acordo com o gosto. Que maneira de impressionar a sogra. Diga a ela que você é escravo por horas. Sirva o étoufféecom arroz basmati.

Tempo de cozimento: 6 horas e 15 minutos
Serve: 6 pessoas
Ingredientes:

- 2 colheres de sopa de tempero crioulo
- 1 colher de chá de pimenta caiena
- Sal e pimenta a gosto
- 340g de salsicha andouille fatiada
- 1 cebola picada
- 1 pimentão em cubos
- 2 colheres de sopa de farinha branca
- 1 xícara de tomates picados
- 1 xícara de caldo de galinha ou caldo de camarão
- Pitada de molho inglês
- ¼ de xícara de cebolinha picada
- 1 pitada de molho picante
- 900g de camarão descascado e preparado

Como fazer:

1. Adicione todos os ingredientes, exceto o camarão, à slowcooker.
2. Cozinhe em fogo baixo por 6 horas.

3. Adicione o camarão e cozinhe outros 15 minutos.
4. Ajuste o tempero à gosto.

Chili

Os invernos foram feitos para um chili. O tempero de qualquer chili é um gosto pessoal, portanto, ajuste de acordo com sua preferência. Você vai achar o chocolate e a cerveja uma surpresa muito agradável.

Tempo de cozimento: 8 horas e 8 minutos
Serve: 6 pessoas
Ingredientes:
- 450g de carne moída
- 225g de salsicha picante desintegrada
- 1 cebolapicada
- 3 dentes de alhopicados
- ½ de colher de chá de pimenta chipotle em pó
- 1 pimentãoverdepicado
- 790g de tomatespicados
- 285g de purê de tomate
- 850g feijão enlatado escorrido
- 425g feijão preto enlatado escorrido
- 1 xícara de cerveja
- Sal e pimenta à gosto
- ½ colher de chá de manjericão
- ½ colher de chá de orégano
- 1 colher de sopa de chocolate ralado
- ½ colher de chá de cominho
- ½ colher de chá de pimenta caiena
- Pitada de molho picante

Como fazer:

1. Coloque a carne, a salsicha, a cebola, o alho e o pimentachipotle em uma frigideira e misture.
2. Doure por 8 minutos e drene qualquer graxa.
3. Transfira a carne para um fogão lento e misture os ingredientes restantes.
4. Cozinhe em fogo baixo por 8 horas.
5. Ajuste o tempero e sirva com um bom pão de milho.

Sopa de cebola francesa

Não há nada como uma ótima sopa de cebola francesa. As cebolas são caramelizadasna slowcooker por horas para obter o máximo sabor.

Tempo de cozimento: 8 horas
Serve: 8 pessoas
Ingredientes:

- ½ xícara de manteiga
- 5 cebolas fatiadas
- 3 colheres de sopa de açúcar
- 1/3 de xícara de xerez
- 6 xícaras de caldo de carne
- Sal e pimenta a gosto
- 1 folha de louro
- 6 fatias de pão
- 2 ½ xícaras de queijo gruyere desfiado
- 2 xícaras de queijo suíço

Como fazer:

1. Aqueça a manteiga no fogão lento e junte a cebola e o açúcar.
2. Cozinhe em fogo baixo por 2 horas para caramelizar as cebolas.
3. Adicione o xerez, o caldo, o sal, a pimenta e a folha de louro. Mexa bem.
4. Cozinhe em fogo baixo por 6 horas.
5. Coloque as fatias de pão em uma folha e doure-os no forno por 8 minutos a 350 graus.

6. Combine os queijos.
7. Distribua os queijos entre 6 tigelas à prova de forno e coloque uma xícara de sopa sobre os queijos.
8. Cubra com o pão torrado.
9. Coloque as tigelas em uma assadeira e coloque sob a grelha por 2 minutos.

Creme de sopa de cogumelos

Não só este é o melhor creme de sopa de cogumelos, como ele pode ser usado em qualquer receita em que você costuma usar creme enlatado de sopa de cogumelos. A diferença te chocará.

Tempo de cozimento: 6 horas e 20 minutos
Serve: 4 pessoas
Ingredientes:
- ¼ de xícara de manteiga
- 2 xícaras de cogumelos Portabella finamente picados
- 3 colheres de sopa de cebola picadas
- 2 colheres de sopa de farinha branca
- 2 ½ cup beef broth
- ½ xícara de half and half
- ½ xícara de creme pesado
- Sal e pimenta a gosto
- ¼ de colher de chá de tomilho
- ¼ de colher de chá de orégano
- ¼ de colher de chá de noz moscada ralada

Como fazer:
1. Derreta a manteiga no fogão lento e refogue as cebolas e os cogumelos por 5 minutos.
2. Misture a farinha.
3. Adicione o caldo de carne e mexa até o líquido engrossar.

4. Adicione o sal, a pimenta, as ervas e a noz-moscada e cozinhe em fogo baixo por 6 horas.
5. Despeje o halfandhalf e cozinhe por 15 minutos.

Ensopado de legumes

Você não precisa ser vegetariano para desfrutar de uma tigela de ensopado de legumes delicadamente aromatizada com açafrão.
Tempo de cozimento: 4 horas
Serve: 4 pessoas
Ingredientes:
- 2 colheres de sopa de azeite de oliva

- 1 cebola grande em cubos
- 3 dentes de alho
- Sal e pimenta a gosto
- ¼ colher de chá de cominho
- Pitadade fios de açafrão
- 450g de batatas doces em cubos
- 6 cenouras descascadas e cortadas
- 1 pastinaca descascada e cortada em cubos
- 1 aipo desparelhado e em cubos
- 1 xícara de floretes de couve-flor
- 2 xícara de tomate em conserva com sumos
- 2 xícaras de caldo de galinha
- 1 pau de canela

Como fazer:

1. Aqueça o azeite em uma frigideira e refogue a cebola e o alho por 5 minutos.

2. Junte o cominho e o açafrão e continue mexendo por 1 minuto.

3. Coloque as cebolas e o alho na slowcooker e acrescente os legumes, o tomate, o caldo e o pau de canela.

4. Tempere com sal e pimenta.

5. Cozinhe em fogo alto por 4 horas.

6. Descarte o pau de canela.

Acompanhamentos

Stuffing (farofa americana)

Você pode fazer uma farofa americana deliciosa na slowcooker.
Tempo de cozimento: 6 horas e 5 minutos
Serve: 8 pessoas
Ingredientes:
- ½ xícara de manteiga
- 2 xícaras de aipo picado
- 2 xícaras de cebola picada
- 2 xícaras de cogumelos picados

- 1 saco de cubos recheados temperados
- 1 colher de chá de tempero para aves
- Sal e pimenta a gosto
- 2 ovos batidos
- 1 xícara de caldo de galinha

Como fazer:

1. Derreta a manteiga em uma frigideira e salteie o aipo, a cebola e os cogumelos por 5 minutos.
2. Coloque os legumes em uma tigela e misture os ingredientes restantes. Combine bem.
3. Transfira o stuffing para a slowcooker e cozinhe em fogo baixo por 6 horas.
4. Sirva com frango ou peru.

Batatas à Milanesa

Tempo de cozimento: -
Serve: -
Ingredientes:
- 1,3 kg de batatas descascadas e em fatias finas
- 2 xícaras de queijo cheddar
- 1 cebola picada
- 2 dentes de alho picados
- 2 xícaras de presunto cozido picado
- 1 lata de creme condensado de sopa de cogumelos
- ½ xícara de leite integral
- Sal e pimenta a gosto

Directions:

1. Faça camada de batatas, queijo, cebola, alho e presunto na slowcooker.
2. Combine a sopa e o leite e despeje sobre as batatas.
3. Tempere com sal e pimenta.
4. Cozinhe em fogo baixo por 7 horas.

Pão de milho

Pão de milho, perfeito a toda hora. Experimente com a receita de chili neste livro.
Tempo de cozimento: 2 horas
Serve: 6 pessoas
Ingredientes:
- 1 xícara de fubá

- 1 xícara de farinha
- 1 colher de sopa de fermento em pó
- ¼ xícara de açúcar
- Pitada de sal
- ¼ xícara de óleo de coco
- 1 xícara de leite ou leite de coco
- 1 ovo mexido

Como fazer:

1. Combine o fubá, farinha, fermento em pó, açúcar e sal em uma tigela.
2. Adicione o óleo de coco, leite e ovo e mexa até que se tenha uma massa.
3. Forre a slowcooker com papel manteiga.
4. Deite a massa na slowcooker.
5. Cozinhe em fogo alto por 2 horas.
6. Sirva o pão de milho com um pouco de manteiga e mel enquanto ainda estiver morno.

Espinafre cremoso

É bom poder fazer acompanhamentos simples na slowcooker quando o topo do fogão e o forno estão sendo usados. E não poderia ser mais fácil e simples de fazer. Aliás, isso também é bom demergulhar.
Tempo de cozimento: 6 horas
Serve: 6 pessoas
Ingredientes:
- 3 xícaras de espinafre congelado, espremido de todo líquido
- 2 xícaras de queijo de ricota
- ¼ xícara de manteiga
- 2 ovos batidos
- 1 cupshredded Cheddar cheese

- ¼ de xícara de creamcheese
- ¼ de xícara de farinha branca
- 1 dente de alho picado
- Sal e pimenta a gosto
- ¼ de colher de chá de noz moscada

Como fazer:
1. Combine todos os ingredientes em uma tigela.
2. Transfira os ingredientes para a slowcooker.
3. Cozinhe em fogo baixo por 6 horas.

Sobremesas

Pudim de Tapioca

Tempo de cozimento: -
Serve: -
Ingredientes:
- 8 xícaras de leite de soja de baunilha
- 1 1/3 xícaras de açúcar branco
- 1 xícara de goma de tapioca
- 4 ovos
- 1 xícara de chá de canela

Como fazer:

1. Combine todos os ingredientes, exceto a canela, na slowcooker.
2. Cozinhe em fogo baixo por 4 horas.
3. Polvilhe com a canela.

Bolo de chocolate

Sim, você pode fazer um bolo de chocolate no suaslowcooker. Experimente com sorvete de baunilha.
Tempo de cozimento: 3 horas
Serve: 8 pessoas
Ingredientes:
- 1 xícara de açúcar branco
- 1 ½ xícara de farinha branca
- ¾ de xícara de cacau em pó sem açúcar

- 1 ½ colher de chá de bicarbonato de sódio
- 1 colher de chá de fermento em pó
- 1 colher de chá de sal
- 2 ovos mexidos
- 1 xícara de leite condensado
- ½ xícara de molho de maçã
- Pitada de pimenta caiena
- ½ xícara de açúcar de confeiteiro

Como fazer:

1. Cubra a slow cooker com um sprayantiaderente.
2. Combine o açúcar, farinha, cacau, fermento em pó e refrigerante e sal em uma tigela.
3. Em uma segunda tigela, misture os ovos, leite, molho de maçã, pimenta caiena e mexa bem.
4. Adicione uma xícara de água fervente à mistura de ovo e leite.
5. Mexa a mistura de ovos na mistura de farinha.
6. Adicione a massa ao fogão lento.
7. Cozinhe em fogo baixo por 3 horas.
8. Deixe o bolo descansar por 45 minutos.
9. Polvilhe com açúcar de confeiteiro

Crème Caramelo

Uma deliciosa mistura cremosa. E elegante o suficiente para servir para sua companhia.
Tempo de cozimento: 2 horas e 35 minutos
Serve: 2 pessoas
Ingredientes:

- 1 xícara de açúcar
- 4 ovos
- 1 ½ xícara de creme de leite pesado
- ½ xícara de leite condensado
- 2 colheres de chá de pasta de feijão de baunilha.
- ½ colher de chá de Bourbon

Como fazer:
1. Unte levemente um prato de suflê de 15 cm.
2. Cozinhe por 5 minutos até que o açúcar esteja caramelizado.
3. Em uma tigela, bata os ovos, creme de leite, leite condensado, pasta de feijão de baunilha e bourbon juntos.
4. Deite a mistura em cima do açúcar caramelizado.
5. Cubra o prato de suflê com papel alumínio e coloque na slowcooker.
6. Adicione água suficiente para cobrir a metade do prato.
7. Cozinhe por 2 horas e meia em fogo baixo.
8. Deixe o creme de caramelo esfriar e leve à geladeira por 3 horas.
9. Inverta o suflê no prato.

Bananas Foster

Bananas em um molho diabolicamente rico. Para evitar que as bananas fiquem macias, pegue algumas que ainda estejam levemente verdes e verdes.

Tempo de cozimento: 2 horas
Serve: 3 pessoas
Ingredientes:

- 3 bananas descascadas e fatiadas
- ¼ de xícara de manteiga derretida
- ¾ de xícara de açúcar mascavo
- 2 colheres de sopa de rum
- 2 colheres de sopa de conhaque
- 1 colher de chá de baunilha
- ¼ de colher de chá de canela
- 2 colheres de sopa de licor de banana
- Sorvete de baunilha

Como fazer:

1. Fatie as bananas e coloque no fundo da slowcooker.
2. Combine os ingredientes restantes, exceto o sorvete, em uma tigela e despeje sobre as bananas.
3. Cozinhe por 2 horas em fogo baixo.
4. Sirva coberto com sorvete de baunilha.

Mousse de chocolate

Isso é tão decadente quanto parece. Seus convidados vão devorar; tenha em mente o café se servir para as crianças. Você sempre pode substituir a água fervente.
Tempo de cozimento: 2 horas
Serve: 4 pessoas
Ingredientes:

- 1 xícara de chocolate meio amargo
- ½ xícara de chantilly
- 3 colher de sopa de café espresso quente
- 4 claras de ovo
- 4 gemas de ovo
- 1 xícara de chantilly
- 1 xícara de framboesas ou de morangos fatiados

Como fazer:

1. Pique o chocolate e derreta no microondas ou no fogão.
2. Adicione o chantilly, o expresso e as gemas e bata bem.
3. Use uma batedeira para bater as claras em neve.
4. Dobre os ovos brancos no chocolate
5. Coloque a mistura no liquidificador para enrolar.
6. Despeje na slowcooker e cozinhe em fogo baixo por 2 horas.
7. Transfira omousse em pratos de vidro individuais e leve à geladeira por 4 horas.
8. Cubra com chantilly e frutas.

Sua classificação e suas recomendações diretas farão a diferença

Classificações e recomendações diretas são fundamentaispara o sucesso de todo autor. Se você gostou deste livro, deixe uma classificaÃ§Ã£o, mesmo que somente uma linha ou duas, e fale sobre o livro com seus amigos. Isso ajudará o autor a trazer novos livros para vocêe permitirá que outras pessoas também apreciem o livro.

Seu apoio é muito importante!

www.ingramcontent.com/pod-product-compliance
Lightning Source LLC
Chambersburg PA
CBHW071856070526
44583CB00016B/1712